두나에게

윤현정

북스토어블

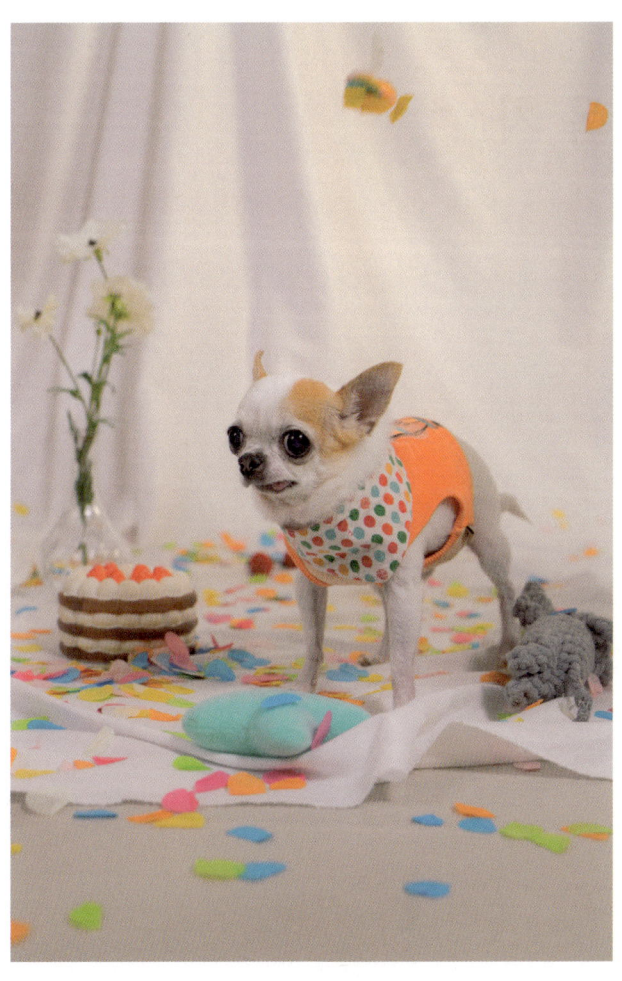

두나 (2007-2021)

목차 *

두나에 대하여	7
두나가 나타났다!	13
두나에게	21
두나가 떠난 후	47
두나의 옷장	81
두나의 사물함	95
에필로그	117

두나에 대하여

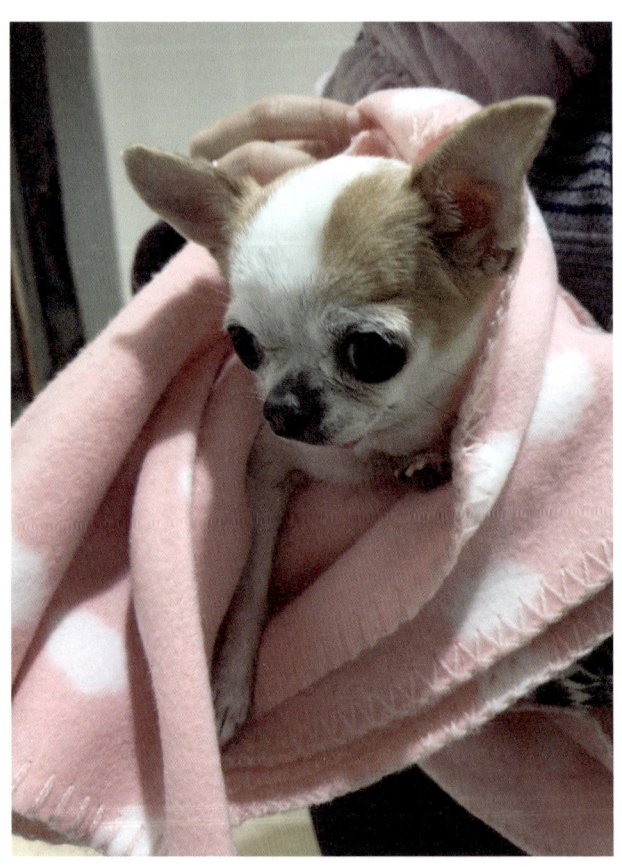

이름: 두나
별명: 우리 집 막내, 이쁜이, 깜찍이, 막내, 두나옹 등...

우리 집에 온 날: 2008. 4. 7.
    * 이후 이날을 생일로 지정
무지개다리 건넌 날: 2021. 5. 14.

키: ?
몸무게: 2kg 내외

성격: MBTI는 알 수 없지만, I는 확실하다. 자신이 귀여운 걸 알다 보니 매사에 쿨시크한 편. 음식을 제외한 모든 것에 덤덤한 성격으로 산책을 즐기지 않는다. 하기 싫은 건 못 들은 척하는 편이지만, 가끔 마음이 내킬 때는 가족들이 원하는 대로 해주기도 한다. 언제든 가족들의 다리를 방석으로 삼는 무릎 강아지다.

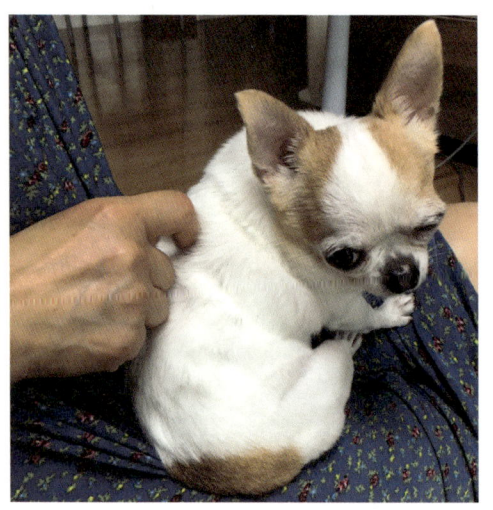

매력 포인트: 너무 많아서 서술 불가. 굳이 꼽자면 귀여운 얼굴과 통통한 배. 새침함 속에 가끔 등장하는 애교.

좋아하는 음식: 바나나, 사과, 배추
싫어하는 음식: 없음

좋아하는 옷: 민소매
좋아하는 곳: 따뜻하게 햇볕이 드는 침대

좋아하는 순간: 엄마랑 같이 자려고 침대에 누울 때, 화장실 다녀와서 보상으로 바나나 먹을 때.
싫어하는 순간: 누가 손을 크게 휘두르거나 손뼉을 칠 때, 발톱 자를 때.

좋아하는 사람: 엄마와 간식 줄 때의 아빠
만만한 사람: 형(추정). 그다음은 누나

두나가 나타났다!

두나의 불시착

어느 날 외숙모에게서 전화가 걸려 왔다. "현정아, 강아지 키워볼래?"

내내 개를 키우고 싶었던 나는 외숙모의 제안에 응했고, 그 길로 외숙모는 엄마와 약속을 잡아 부산으로 오셨다. 엄마는 외숙모의 손에 켄넬이 들려 있을 줄은 꿈에도 모르셨을 거다. 외숙모가 오셨다는 얘길 들은 나는 그날만큼은 매일 저녁 참석했던 동아리 활동을 하지 않고 곧장 집으로 향했다. 집에는 매우 작고 마른 치와와 한 명이 있었다.

동물은 좋아했지만, 아파트에서 개를 키우는 삶은 생각하지 않았던 부모님은 우리 집에 불시착한 이 한 마리 개를 어떻게 할지 고민하셨다. 비쩍 마른 몸에 비해 큰 눈을 가지고 있던 이 동물은 서울에서 혼자 살던 사촌 언니가 키우다가 미국으로 가면서 외삼촌에게 보낸 개였다. 문제는 외숙모가 개를 무서워한다는 것이었는데, 2kg도 되지 않는 그 개가 무서워서 방에 들어가지도 못하는 정도였다. 결국 외숙모는 동생에게 개를 보내보기도 했지만, 어떠한 이유에선지 그 개는 다시 외숙모네로 돌아왔다. 그러던 중 외숙모는 유독 동물을 좋아하던 나를 떠올리고는 엄마 몰래 나와 은밀한 거래를 했다. 일단 집으로 외숙모가 개를 데려오기만 하면 내가 알아서 하겠다고 호언장담을 한 것이다.

개가 우리 집까지 오게 된 이야기를 들은 엄마는 외숙모에게 우리가 일주일 동안만 보살피겠다고 말했다. 이미 포항에서 켄넬과 용품, 사료 등을 싸 들고 내려오신 터라 그대로 돌려보낼 수 없었기 때문이었다. 이 결정에는 개의 생김새도 한몫했다. 볼품없이 마르고 꼬리는 축 처진 게 동정심을 자아내기엔 충분했다. 분명 그때까지는 다음 주말에 외숙모가 부산에 오시면 개를 돌려보낼 생각이었다. 부모님은 그사이에 외숙모가 더 좋은 입양처를 찾길 바랐다.

어쩌다 우리 집으로 온 개 '두나'는 첫날에는 자신과 함께 보내진 쿠션 위에서 잤다. 두나를 쓰다듬어보고 싶었지만, 적응할 시간을 주기 위해 꾹 참았다. 하지만 몇 분마다 거실에 있는 두나를 몰래 보고 다시 방으로 돌아가기 일쑤였다. 둘째 날에도 두나는 쿠션 근처에서 벗어나지 않았고, 내가 '두나야'라고 이름을 불러도 시큰둥했다. 두나는 사흘째가 되어서야 조금씩 집을 돌아다니기 시작했고, 내 방문 앞에서는 얼굴을 반만 내놓은 채 눈치를 보며 기웃거렸다. 그날부터였던 것 같다. 두나가 우리 가족의 마음속을 기웃거리기 시작한 건.

약속했던 일주일이 되던 날, 두나는 엄마의 마음을 완전히 사로잡아 버렸다. 개가 지나다닌 곳마다 바닥을 닦아내며 청소해야 할 게 아찔하다며 개를 키우지 않겠다고 말했던 엄마는 어느새 두나를 '우리 막내'라고 명명하며 두 팔에 안고 있었다. 심지어 뽀뽀까지 해가면서... 그 길로 두나는 우리 가족이 되었고, 처음부터 끝까지 두나가 가장 선호한 곳은 엄마의 팔뚝이었다.

두나는 실로 우리 가족의 많은 것을 바꾸었다. 바깥에서 사람들과 놀거나 술을 마시길 좋아해 항상 늦게 집에 들어오던 나는 두나가 온 이후부터 조금씩 귀가 시간이 빨라졌다. 사춘기라 매번 집에 오면 문을 닫고 방에 들어가 버리던 남동생도 거실에 머무는 시간이 길어졌다. 개털과 분비물에 민감하던 엄마는 두나 오줌 사진을 찍어 보내며 '두나는 오줌도 귀엽게 싼다'고 했다. 한참 뒤에 안 사실인데 아빠는 알러지성 비염이 있으면서도 두나랑 같이 잤다.

이제 두나가 떠난 지 2년이 조금 넘었다. 여전히 마트에서 바나나를 보면 바나나 앞에서 무장 해제되던 두나의 표정이 생각나고, 거리에서 흰색과 갈색 점이 섞인 개를 볼 때면 두나와 닮았는지 개의 얼굴을 유심히 보곤 한다. 두나가 13년 동안 지내던 쿠션은 두나가 떠난 이후에도 계속 그 자리에 있다가 작년 가을쯤에 소파 위로 자리를 옮겼다. 본가에 갈 때면 그곳에 두나가 있을 것만 같아서 빈자리를 쳐다보곤 한다. 엄마는 매일 아침 두나의 유골함 앞에 작은 사과 조각을 썰어서 올려둔다. 나는 요즘도 종종 두나의 애착 담요를 꺼내 덮어보곤 한다. 더 이상 두나의 꼬순내는 나지 않지만 두나가 이 담요를 덮고 있었던 모습만큼은 선명하다.

두나는 서서히 그리고 아주 천천히 나의 모든 것을, 우리 가족의 일부를 바꾸어 놓았다.

두나에게

2021.05.14.

두나가 강아지별로 떠났다.
두나가 강아지별로 떠났다.

2021.05.24.

두나야 잘 지내고 있지?
오늘도 많이 보고 싶다. 우리 막내.

2021.05.25.

두나야 잘 잤니? 누나는 어제 서울로 돌아왔어. 더 있다가 천천히 돌아오고 싶었지만, 어쩔 수가 없었어. 마지막으로 너랑 인사할 때도 이런 얘기를 했던 것 같은데. 매번 왜 난 '어쩔 수가 없다'라는 말을 너에게 많이 했었을까?

아무튼, 서울로 돌아올 때 엄마가 누나한테 두나 이불을 하나 줬어. 어떤 이불인지 맞혀볼래? 오늘 아침에 잠깐 네 이불을 돌돌 말아서 안고 있었는데, 어렴풋하게 두나 네 냄새가 나더라. 마치 네가 내 품 안에 있는 것 같았어. 두나는 누나 품 안에 쏙 안겨 있는 거 참 좋아했었는데, 그치?

2021.05.26.

두나야, 그곳은 어떠니?

어제도 누나는 두나 생각을 많이 했는데 누나 꿈에는 안 와주니 야속하기도 하다가 강아지별에서 그만큼 네가 잘 놀고 있어서라고 생각하니 마음이 조금 덜 아파.

나보다 어린 동생이니까 항상 아기 같아서 우리 가족이랑 오래오래 지낼 수 있을 줄 알았는데 넌 그새 많이 나이를 먹었더라.

네가 가는 길이 아프진 않았을까,
눈을 감는 순간에 네가 일찍 서울로 가버린 나를 원망하지는 않았을까,
그때, 네 옆에 없던 나를 그리워하지는 않았을까,
매번 그날로 시간을 되돌릴 수만 있다면 하루만 더 부산에 있다가 왔을 거라는 생각이 들어.

한 번만 더 쓰다듬어 보고
한 번만 더 안아보고
한 번만 더 사랑한다고 말해주고 올걸
누나는 그게 너무나 후회가 돼.

사랑하는 두나야,
우리 가족한테 와줘서 정말 고마웠어.
정말 많이 사랑한다.

2021.05.27.

두나야, 누나는 괜찮다가도 점심시간쯤이 되면 갑자기 네 생각이 많이 나. 이상하지? 우리 두나는 점심을 먹지도 않았는데...

오늘 여기는 비가 많이 와. 지금은 그쳤는데 날이 계속 흐리네. 비가 오니까 더 보고 싶다. 우리 막내.

거기는 날씨가 어때? 강아지별에서 친구는 많이 사귀었니? 그곳은 하루 종일 맑기만 해서 네가 좋아하던 햇볕을 많이 쬘 수 있으면 좋겠다.

사랑하는 두나야,
오늘 하루도 그곳에서 잘 지내렴.

2021.05.29.

· ·

무슨 내용으로 편지를 쓸지 고민하며 멍하게 앉아 있다가, 키보드를 몇 번 두드리지도 않았는데 또 눈물이 났어. 오늘은 두나 생각을 하면서 울기보단 웃어보려고 했는데 그게 참 쉽지가 않네.

내일은 울지 않도록 노력해 봐야겠다. 이번 주말은 밀린 업무를 하느라 정신이 없을 것 같아서 이 다짐을 지킬 수 있을 것 같기도 해. 두나야, 누나가 덜 우는 법 좀 알려줄래? 우리 두나는 똑똑하니 잘 알 거 같은데 말이야.

2021.05.30.

잘 지내다가도 네 생각이 나면 울컥하면서 참아볼 틈도 없이 눈물이 흘러. 처음엔 방울방울 눈물만 떨어뜨리지만 결국 끝에는 소리 내서 엉엉 울고 말아. 애처럼 말이야. 당장 다음 주부터 새 회사로 출근하는데 갑자기 근무 중에 눈물이 나면 큰일인데. 두나야, 내가 계속 이러고 지내면 어떡하지?

남은 가족이 계속 울면 무지개다리를 건너던 반려동물이 자신의 가족이 걱정돼서 계속 뒤돌아보느라 늦게 강아지별로 가게 된다는 말이 있대. 그런데 누나가 이렇게 맨날 천날 울고만 있으니 이를 어쩌지. 우리 두나가 누나 신경 쓰느라 무지개다리를 건너지 못하고 전전긍긍하면 어쩌지?

2021.06.01.

오늘 두나 네 얘기를 하면서 많이 울지 않았어. 사실 가족이 아닌 타인에게 네 이야기를 하면 울음바다가 될까 봐 꾹꾹 참고 있었는데, 같은 아픔을 아는 친구에게 이야기를 하니 마음이 좀 나아지더라. 그렇다고 네가 그립지 않은 건 아니지만 말이야.

그 친구네 가족 이름은 이루인데, 혹시 강아지별에서 만나게 되면 친하게 지내. 아 참, 이루는 여자애야.

2021.06.02.

두나는 인스타그램 계정은 어떻게 하면 좋겠어? 누나는 도무지 모르겠거든. 로그인하면 온통 네 사진뿐이라 보기만 해도 계속 눈물이 나. 그 공간에는 여전히 두나 네가 있는데, 왜 여기에는 없는 건지 이해가 안 돼.

로그인만 하면 눈물이 나는 바람에 그 계정은 관리하지 않고 있어. 사실 네가 살아 있을 때도 잘 쓰지 않았긴 하지만... 언제쯤이면 덤덤하게 인스타그램에 로그인할 수 있을까? 그럴 날이 오긴 올까, 두나야?

우리랑 몇 달만 더 살다 가지 그랬어. 두나야, 왜 그렇게 빨리 간 거야? 이것도 다 내 욕심인 거 알면서도 먼저 간 두나한테 섭섭한 맘이 앞서네.

오늘도 너무 보고 싶다, 우리 막내.

2021.06.04.

두나야, 나중에 누나가 하늘나라에 가면 언제나처럼 그렇게 마중 나와줘. 그때까지 행복하고 건강하게 잘 지내고 있으렴. 고맙고 또 고마운 두나야, 많이 많이 사랑해.

혹시 나중에 그 누가 우리 집에 오게 되더라도 언제나 누나의 1번은 두나야. 알겠지? 그러니 걱정 말고 그곳에서 편히 쉬고 있어.

사랑해.

6월 4일의 또 다른 기록

오늘따라 날이 참 맑았다. 어제 억수같이 비가 쏟아지고 난 뒤라 그랬을까? 두나가 강아지별에 입국한 걸 기념하듯 하늘이 맑게 개었던 게 아닐까? 아니어도 그렇게 믿는 편이 더 좋으니 그렇다고 치자.

새로 출근한 회사에서의 첫 주를 무사히 마무리하고, 운 좋게 따릉이도 남아 있어 자전거를 타고 퇴근했다. 나뭇가지 사이로 빛이 스며드는 풍경이 아름다웠다. 바람에 흔들리는 나뭇잎 소리와 흐르는 냇물 소리 모두 싱그럽게 들렸다. 이제 막 시작된 여름을 온몸으로 느끼며 집에 도착했다. 집으로 돌아오는 길에 산 젤라또를 냉동실에 넣고 나서야 뒤늦게 엄마가 보낸 카톡을 확인했다. 그리고, 참았던 눈물이 터졌다.

'오늘 두나 사망신고서 구청에 접수했어.'

두나가 강아지별로 소풍을 떠난 지 딱 3주가 지났고 이제 서류상으로 두나는 세상에 존재하지 않는다. 하지만 눈에 보이지 않는다 해도 두나는 언제나 우리 곁에 있다. 오늘도 나는 두나의 담요를 끌어안고, 담요에 남아 있는 꼬순내를 맡을 것이다. 엄마도 아침마다 두나에게 사과를 주던 것처럼 유골함 옆에 사과 한 조각을 얹어둘 것이다. 두나는 지금도 여전히 우리 가족 마음속에 살아있다.

두나가 떠난 후

펫로스(Pet loss)는 반려동물의 죽음이나 상실을 겪으면서 느끼는 슬픔, 외로움, 상실감 등을 포괄하는 용어로, 반려동물을 떠나보낸 뒤에 느끼는 정상적이고 자연스러운 애도 반응이다. 대부분의 사람들은 그 슬픔을 적극적으로 표현하면서 수개월 내에 점차 마음을 추스르게 된다. 하지만 펫로스 증후군(Pet loss syndrome)은 다르다. 수개월 이상 깊은 슬픔이 지속되며, 삶 자체에 회의를 느끼는 경우를 의미한다. 반려동물을 잃은 뒤 나타나는 심리적, 신체적 증상이 일상생활을 어렵게 만들 정도로 심각한 상태다. 심리적 증상으로는 우울감, 깊은 슬픔, 무기력이 대표적이며, '내가 더 잘 돌봤더라면'이라는 자책과 죄책감에 빠지기도 힌다. 심한 경우, 반려동물이 여전히 살아 있는 것처럼 느껴지는 환청이나 환각이 나타나기도 한다. 신체적인 증상으로는 또한 수면장애, 식욕 변화, 두통, 소화불량 등이 있으며, 외출을 회피하거나 사회적으로 고립되는 행동적 변화도 흔하다. 또한 반려동물의 물건을 매일 찾거나, 죽음 당시의 상황을 반복해서 되새기는 행동 역시 이 증상 중 하나다. 그리고 이 모든 펫로스 증후군의 증상이, 당시의 나를 가리키고 있었다.

두나를 마지막으로 봤던 순간은 지금도 또렷하게 기억한다. 그 시기에는 침대에 누워 눈만 감아도, 그때 두나의 눈빛과 표정이 생생하게 떠올라 가슴이 저렸다. 일상은 서서히 무너지고 있었다. 일에 도무지 집중할 수 없었고, 결국 마감일을 지키지 못한 적도 있었다. 십여 년 가까이 일해오며 처음 있는 일이었다. 그때 나는, '일 따위 이제 내 알 바가 아니다'라는 생각이 들 정도로 완전히 망가져 있었다. 오랜 시간 함께한 두나를 강아지별로 떠나보낸 뒤 내가 느꼈던 슬픔은 분명 자연스럽고 당연한 감정이었다. 하지만 그 슬픔이 생각보다 오래 지속되고 있다는 사실을 나도 잘 알고 있었고, 주변 사람들도 알고 있었다.

이대로 평생 지낼 수는 없었다. 무엇보다 두나도 이런 내 모습을 바라지는 않았을 것이다. 그렇다고 나는 이 감정을 '극복'하거나 '이겨내야만 하는 무엇'으로 여기고 싶지 않았다. 오히려 이 감정을 나의 일부로 받아들이고, 조금씩 다듬어가며 내 삶 속에 천천히 녹여내고 싶었다.

01. 눈물 흘리기

처음엔 우는 것만이 답이었다. 아니, 울 수밖에 없었다. 그저 매일 펑펑 눈물을 쏟아 내기. 두나가 무지개다리를 떠났다는 엄마의 카톡을 본 그 순간부터 내 눈은 열심히 몸속의 수분을 내보내기 시작했다. 두툼해진 눈꺼풀이 시야를 좁혔고, 건조해진 눈은 쓰라렸다. 하지만 그렇게 매일 울어대는 것 말고는 내가 덜 아플 수 있는 일이 없었다.

매일 출근하는 회사에 다녔다면 좀 나았을까? 그래도 당시 내 상태를 생각하면, 재택근무를 할 수 있었던 게 천만다행이었다. 밥을 먹다가도 갑자기 입에 밥을 넣은 채로 엉엉 울기도 하고, 화장실에서 이를 닦다가도 울었다. 어떨 때는 가만히 창문을 쳐다보며 울기도 했다. 만약 이 시기에 출퇴근해야 하는 회사에 다녔다면 나는 시도 때도 없이 우는 이상한 사람으로 낙인찍혔을지도 모른다.

낮보다 밤이 더 힘들었다. 밤에 자려고 침대에 누우면 슬픔은 더 짙어졌다. 누운 채로도 눈물은 계속 났다. 눈물은 관자놀이를 지나 귓구멍을 타고 흘러내렸다. 귀에 눈물이 들어가자 간지러워서 피식 웃음이 나왔고, 이런 내 모습이 어이가 없어 또다시 울었다. 눈을 비비며 한참을 울다 잠이 들면, 다음 날 아침에도 통통하게 부은 붕어눈이 되어 있었다.

02. 흔적 찾기

두나의 몸이 사라지고 나니 두나의 흔적이 더 소중해졌다. 떨어진 털 하나라도 있을까 싶어서 거실을 손바닥으로 쓸어보고, 두나의 담요에 코를 파묻어보기도 했다.

핸드폰 속에 있는 사진과 영상을 봤고, 계속 보다 보니 두나가 정말 이 세상에 없는 게 맞는지 헷갈렸다. 본가에 가지 않고 두나를 볼 수 있던 방법이 사진과 영상이었기에, 서울집으로 돌아오니 두나가 아직 본가에 살고 있을 것만 같았다. 두나의 인스타그램 계정을 보다가 두나의 어릴 적 모습도 보고 싶어져 외장하드에 있는 카메라 사진과 영상을 찾아보기도 했다.

세상에 남아 있는 두나의 흔적을 찾아내려고 부단히도 애쓰던 나날이었다.

03. 온라인 공간을 헤매기

사람들은 이 감정을 어떻게 느끼는지, 또 어떻게 견뎌내는지 궁금해져 인터넷을 검색했다. '펫로스', '노견', '아픈 반려견', '반려견이 떠났어요', '강아지 장례식장', '반려동물 무지개다리' 등, 반려동물의 죽음을 떠올리게 하는 단어나 문장을 무작위로 검색창에 입력해 보았다. 그러다 우연히 발견한 온라인 카페는 아픈 반려동물과 함께 사는 사람들이 정보를 나누는 공간이었다. 두나가 아팠을 때는 가입하지도 않았던 곳에 두나가 떠난 후에서야 가입하게 되다니. 그곳에는 반려동물을 떠나보내고 슬퍼하는 사람들이 글을 쓰는 게시판도 있었다. 그 게시글을 하나하나 읽으면서 계속 울었다. 참 많은 이별이 있었다. 하지만 그 어떤 죽음도 똑같지 않았다. 모든 이별이 달랐고, 상실감은 그 끝을 알 수 없을 정도로 깊었다.

두나가 어느 정도 나이가 들었을 무렵, 나는 두나의 인스타그램 계정을 만들었었다. 두나의 모습을 꾸준히 기록하고 싶은 마음에서였다. 하지만 내가 본가에서 두나와 함께 살고 있지 않다 보니 올릴만한 사진을 고르는 일이 쉽지 않았고, 팔로워를 모으려고 만든 계정도 아니었기에 자연스레 두나의 계정은 방치된 계정이 되고 말았다. 오랜만에 그 계정에 로그인하자, 개와 관련된 게시물이 알고리즘을 타고 끊임없이 나에게 다가왔다. 두나처럼 작은 개들의 모습이 주로 눈에 들어왔고, 노견과 함께하는 사람들이 운영하는 계정들도 자주 보였다. 얼마 없는 팔로워 중에서는 이미 무지개다리를 건넌 개도 있었다. 두나가 떠난 후에도 나는 그 계정에 두나가 떠났다는 게시물을 올리지 못했다.

인스타그램 속에서만큼은 두나가 계속 살아 있길 바랐던 걸까. 아니면 그 글을 쓰는 일이 아직도 나에게는 너무나 버거워서였을까.

doona.ong ˇ

새로운 소식이
있나요?

107 게시물　　**58** 팔로워　　**56** 팔로잉

Doona
내 이름은 윤두나🐾🐾. 섬에 사는 으른 치와와. 좋아하는 건 빠빠와 엄빠🐕
이름 때문에 종종 오해를 받지만 나는야 안전한 할배 👻

프로필 편집　　프로필 공유　　+🧑

04. 편지 쓰기

핸드폰 메모장을 열어 두나에게 편지를 쓰기 시작했다. 글로 마음을 정리하면 조금은 나아질 것 같았다. 그렇게 쓰기 시작한 글들은 두나에게 보내는 몇 개의 편지글로 남았다. 어떤 날은 한 문장으로 짧게 쓰기도 했고, 또 어떤 날은 구구절절 긴 이야기를 풀어내기도 했다. 어떤 날에는 블로그에 편지를 쓰기도 했다.

내 블로그는 방문자가 거의 없는 공간이어서 감정을 솔직하게 쏟아내도 부끄럽지 않았다. 포스팅 발행 버튼을 누르는 순간이 강아지별 우체통으로 편지를 부치는 기분이었다. 어쩌면 두나가 정말로 이 편지를 받아볼 수 있을지도 모른다는 생각이 들기도 했다.

매일 편지를 쓰면서 울기도 하고, 웃기도 했다. 키보드를 앞에 두고 눈물을 왕창 쏟아내고 나면 마음이 조금 나아졌다. 발행 버튼을 누를 때마다 슬픈 감정이 조금씩 증발하는 것만 같았다.

나는 이전까지 '살기 위해서 썼다'라거나 '글쓰기가 나를 살렸다'라고 말하는 사람들을 이해하지 못했다. 과장된 표현이라고 생각했다. 하지만 두나에게 편지를 쓰는 동안, 그들이 한 경험이 무엇인지 조금은 알게 되었다.

05. 말하기

상실과 슬픔을 누구와 나눠야 할지 알 수 없었다. 내 마음을 가장 잘 이해해 줄 수 있는 가까운 존재는 엄마라고 생각했지만, 정작 엄마에게는 그 이야기를 꺼낼 수가 없었다. 누군가의 슬픔이 더 크고 작다고 단정 지을 수는 없지만, 엄마의 슬픔이 내 슬픔보다 더 짙고 무거울 것만 같아 말을 꺼내는 게 조심스러웠다. '죽음'이라는 단어도 입을 열기가 어려웠다. 내 말 한마디가 엄마의 마음을 더 아프게 할까 두려웠다. 가까운 친구들에게도 쉽게 털어놓을 수 없었다. 슬프다고 이야기하는 것도 하루이틀이지... 게다가 반려동물을 키운 경험이 없는 친구들에게는 더더욱 말할 수 없었다. 괜히 내가 유난스러운 사람처럼 보일까 싶어서였다.

그러던 어느 날, 두나가 떠났다는 소식을 들은 친구가 오랜만에 서울에 와서 만났다. 그 친구 역시 오랫동안 반려견을 돌보다가 강아지별로 떠나보낸 경험이 있었고, 반려견을 간병하며 직접 돌본 주 양육자이기도 했다. 비슷한 경험을 한 사람을 마주하니, 나도 모르게 그동안 꾹 눌러두었던 말들이 술술 흘러나왔다. 말하는 동안 휴지로 눈물을 닦아내기도 했지만, 두나가 떠난 후 처음으로 두나 이야기를 하며 웃었던 날이 바로 그날이었다.

돌아보면, 그 시기에 나에게 정말 필요했던 건 심리상담이었는지도 모르겠다. 만약 그때의 나에게 말을 걸 수 있다면, 혼자 끙끙 앓지 말고, 상담을 받으러 가자며 손을 꼭 잡아주고 싶다.

06. 그림 그리기

2021년 1월 1일부터 매일 동물을 하나씩 그려 인스타그램에 올리는 프로젝트를 시작했었다. 1년간 하루도 빠지지 않고 그림을 그리기 위해 만든 프로젝트였지만, 중간에 포기하는 바람에 이 계정 또한 지금은 방치된 상태다. 매일 동물 한 명과 음식 하나를 함께 그려 생일을 축하해주는 콘셉트의 그림이었고, 두나의 생일인 4월 1일에는 주문 제작한 케이크와 두나의 모습을 함께 그렸다.

두나가 떠난 이후에도 이 프로젝트만큼은 억지로라도 계속 그렸다. 이것마저 손을 놓아버리면 정말로 무너져버릴 것 같았기 때문이다. 그 무렵에는 봉사활동을 다니던 보호센터의 개와 고양이를 주인공으로 그리고 있었는데, 그곳의 입소 동물을 다 그리고 나니 5월 말이었다. 그래서 5월의 끝자락이 되어서야 두나를 그릴 수 있었고, 사심을 담아 두 번 더 주인공으로 그렸다. 그림 속 두나가 입고 있는 옷은 어렸을 때부터 자주 입던 보라색 조끼다. 어깨 부분에는 빨간 구슬로 된 코를 가진 분홍 토끼 와펜이 붙어 있는데, 하도 많이 입다 보니 빨간 구슬 장식이 헐겁게 딜렁거렸다. 또 다른 그림 속 두나는 주황색 옷을 입고, 턱받침처럼 쓰던 알록달록한 목수건을 두르고 있다.

두나는 눈이 참 컸다. 코만큼이나 큰 검은 눈은 멀리서 보면 검정콩이 콕 박혀 있는 것처럼 보였다. 예쁘게 그리고 싶은 마음과 달리, 내 실력으로는 두나를 온전히 담아낼 수가 없었다. 그림이 마음에 들지 않아 한참을 고치고 또 고쳐 겨우 하나를 완성했고, 아쉬운 마음에 이틀 뒤 다시 한번 더 두나를 주인공으로 그렸다. 아마도 두나를 그린 그림은 평생 내 눈에 만족스럽기 어려울 것이다. 두나의 매력을 그림으로 담아낸다는 건 그 누구에게도 불가능할 테니까.

그러다 문득 캐릭터가 아닌 사실적인 두나의 모습을 그려보고 싶어졌다. 드로잉이라면 두나의 털 한 올 한 올을 더 잘 표현할 수 있지 않을까? 두나의 눈동자를 좀 더 깊게 그릴 수 있지 않을까? 이런 생각을 하던 중에 우연히 책방에서 반려동물을 주제로 하는 드로잉 원데이클래스를 발견했다. 나를 제외한 참여자들은 모두 지금 함께 살고 있는 반려동물을 그렸다. 그들이 부러웠다. 두나 이야기를 할 때 코끝이 시큰했지만, 낯선 사람들 앞이라 그런지 눈물은 제법 잘 참아냈다. 하지만 그림은? 똥손의 실력은 사실적인 그림에서 더욱 드러나기 마련인 법. 결과물은 처참했고, 나는 어딘가 찌부러진 두나를 그린 종이를 들고 집으로 돌아왔다.

곰곰이 생각해 보면 또 그리 나쁘지만은 않은 듯하다. 물론 완성된 그림이 아니라 '그리는 행위' 말이다. 생각해 보니 두나의 모습을 그림으로 옮겨본 건 이번이 처음이었다. 왜 한 번도 두나를 그려 볼 생각을 못 했을까? 두나를 사실적으로 그리기 위해서는 사진 속 두나를 아주 유심히 관찰해야 했다. 덕분에 사진 너머에 있는 두나와 오래오래 눈을 맞출 수 있었다. 마치 두나와 이야기하는 듯한 기분이 들었다. 설령 그게 착각이라 해도 좋았다.

두나의 사진만 봐도 자동으로 열리는 수도꼭지 같던 눈물샘은 어느새 잠잠해졌다. 눈물이 차올라도 예전처럼 뚝뚝 떨어지지 않았다. 이제 어느 정도는 눈물을 삼킬 줄 알게 되었다.

07. 영상 보기

콘텐츠로 펫로스를 이해해보겠다는 당찬 포부와는 달리, 나는 동물이 나오는 영상이라면 무엇이든 보기 시작했다. 처음에는 동물이 등장하는 다큐멘터리나 인간과 개 사이의 따뜻하고 사랑스러운 감동 실화 같은 영상을 봤다. 다행히 영상 속에 등장하는 개들은 모두 두나와는 다르게 생겨서, 두나가 겹쳐 보이지는 않았다.

OTT에 있는 동물 관련 콘텐츠가 슬슬 지루해지자 나는 유튜브로 플랫폼을 옮겼다. 그곳에는 훨씬 다양한 반려동물 영상이 있었다. 아니, 넘쳐났다. 개의 건강 상식을 알려주는 정보성 영상부터 개의 생활 습관을 교정하는 트레이닝 영상, 그리고 브이로그까지. 그중에서도 내가 가장 열심히 본 영상은 개를 주인공으로 한 브이로그였다. 가족들과 함께 살아가는 개의 일상을 담은 브이로그는 아무 생각 없이 틀어놓기에 좋았다. 멍하니 브이로그를 보다 보면 어느새 한 시간이 훌쩍 지나가 있곤 했다. 때로는 백색 소음처럼 틀어두고 소리만 듣기도 했다.

하지만 영화와는 달리, 이런 종류의 브이로그는 볼수록 공허한 기분이 들었다. 어느 순간부터 브이로그 속 개들이 자꾸 두나와 겹쳐 보이기 시작했기 때문이다. '두나도 저랬었는데', '두나도 저 음식 좋아했었는데', '두나한테 나도 저런 거 해줄 걸 그랬다'와 같은 그리움과 후회들로 머릿속에 가득 찼다.

결국 나는 남의 집 반려동물 영상을 보는 일을 그만두었다. 그러는 편이 내 정신 건강에는 나았다.

08. 책 읽기

여러 과정을 거친 뒤, 나는 콘텐츠를 적극적으로 탐하기 시작했다. 온라인 서점에서 '펫로스'를 키워드로 검색해 나오는 책들을 장바구니로 쓸어 담았다. 나보다 더 큰 슬픔을 겪고 있을 엄마에게도 몇 권을 선물했지만, 엄마는 아직 그 책을 펼칠 마음의 여유가 없다고 했다. 반면 나는 무엇이든 궁금한 것이 생기면 책을 찾아보던 습관이 있었기에, 이번에도 그 방식으로 펫로스를 이해해보기로 했다. 감정이 아닌 이성적인 방법으로 이 슬픔을 바라보면 지금의 내 상태가 조금은 나아지지 않을까 하는 기대가 있었던 것 같다.

하지만 안타깝게도 그 시도는 전혀 성공적이지 못했고, 결국 나는 그 책들을 그대로 책장에 꽂아두었다. 나 역시 아직 마음의 준비가 되지 않았던 것이다. 지금 돌이켜보면, 독서보다는 자조 모임 같은 활동이 그때의 나에게는 더 좋은 방법이었을 텐데, 당시에는 그런 방법을 떠올리지 못했다.

이듬해 봄, 전주의 한 책방에서 펫로스를 다룬 책을 한 권을 발견했다. 고양이 집사였던 분이 쓴 에세이였는데, 표지에서 느껴지는 포근한 분위기에 이끌려 망설이지 않고 구매했다. 서울로 돌아오는 기차 안에서 그 책을 펼쳤는데, 몇 페이지를 보자마자 눈물이 후드득 쏟아졌다. '아, 이 책은 밖에서 읽으면 안 되는 책이었구나!'

집에 돌아온 뒤, 나는 그 에세이를 아주 천천히 읽었다. 많이 울고, 많이 공감했다. 그 책을 읽고 나니, 작년에 사두고 읽지 못했던 다른 책에도 자연스레 손이 갔고, 글이 눈에 들어오기 시작했다. 책을 읽으면서 펫로스를 조금은 더 이해할 수 있었고, 다양한 사례를 보면서 위로받을 수도 있었다.

09. 글쓰기

두나가 떠난 뒤, 무언가를 남기고 싶다는 생각이 들었다. 마침, 퇴사한 터라 시간이 많았고, 우연히 동물보호단체에서 운영하는 동물 글쓰기 프로그램을 알게 되어 참여하게 되었다. 처음 프로그램에 참여한 때만 해도 낯선 사람들 앞에서 내 개에 관해 이야기하며 눈물을 흘리게 될 줄은 전혀 예상하지 못했다. 나는 내가 이렇게 남들 앞에서 많이 울 수 있는 사람인지 처음 알았다. 물론 다른 참여자들도 자신이 쓴 글을 읽으며 울었고, 타인의 글을 들으며 공감하고 함께 울었다. 그 경험은 내게 두나를 글로 남기고 싶다는 마음을 품게 해주었다.

그렇게 시작한 글쓰기는 자연스럽게 독립출판으로 이어졌다. 작년에 만든 더미북을 다듬어 ISBN이 있는 책으로 출간하기로 마음먹었고, 1인 출판사를 만들었다. 살면서 내가 사업자를 내게 될 줄은 꿈에도 몰랐는데, 두나는 나를 어디까지 바꾸어 놓는 걸까.

여전히 내가 쓴 글은 자기연민이 똘똘 뭉친 거대한 덩어리 같아 마음에 들지 않지만, 세상으로 내보내기로 했다. 누군가에게는 이 글이 힘든 시기를 지나가는 데 작은 위로가 될 수도 있지 않을까. 부끄럽고 날것 그대로의 기록이더라도, 어딘가엔 그 쓸모가 있으리라 믿는다.

10. 두나 꿈꾸기

이 방법은 실패였다. 두나는 내 꿈에 단 한 번도 찾아오지 않았다. 엄마에게도 마찬가지였다. 엄마는 어떻게 꿈에 한 번도 나오지 않냐며, 두나가 야속하다고 아쉬운 마음을 내비치곤 했다.

두나가 내 꿈에 다녀간 것이라고 믿고 싶은 순간은 있었다. 꿈속에서 두나는 개의 모습이 아니라, 빛나는 실루엣 같은 형태로 나타났다. 본가 거실에서 두나가 늘 앉아 있던 분홍색 침대 위에 그 빛이 머물러 있었고, 나는 그 장면이 편안하고 따뜻했다는 것만을 기억한다. 그 꿈이 정말 두나를 만난 거라고 해도 괜찮을까? 그날도 울면서 잠에서 깼지만, 이상하게 기분은 가라앉지 않았다. 그렇게라도 두나를 만난 것 같아 다행이라는 생각이 들었다.

두나는 여전히 우리 가족의 꿈에 나타나지 않는다. 어쩌면 강아지별에서 신나게 놀고 있어서 우리 꿈에 나올 시간이 없는 걸지도 모른다. 다만, 우리에게 섭섭한 마음 때문에 꿈에 나타나지 않는 것만 아니길 바랄 뿐이다.

11. 봉사 하기

두나가 떠나기 전부터 나는 유기견 보호소에서 봉사활동을 해오고 있었다. 두나가 세상을 떠나기 바로 전날에도 나는 센터에서 봉사활동을 하고 있었다. 그날의 내 선택과 행동이 내내 두나에게 미안했다. '그날 내가 서울로 돌아오지 않고 두나 곁에 하루만 더 있었더라면 어땠을까?', '왜 굳이 그날 봉사활동을 취소하지 않고 서울로 돌아왔을까?' 같은 후회와 죄책감으로 뒤엉킨 질문들이 항상 내 마음 깊숙한 곳을 무겁게 짓눌렀다. 이제 두나는 이 세상에 없는데, 이게 다 무슨 소용인가 싶었다.

당분간 봉사활동을 쉬는 방법도 생각해 보지 않은 건 아니다. 동네에서 두나와 비슷한 색의 털을 가진 개나 같은 종의 개를 마주치기만 해도 눈물이 나곤 했기 때문이다. 더군다나 센터에서 두나처럼 얌전하고 조용한 성격의 개를 보면 마음이 더 아팠고, 그런 날에는 봉사활동을 마치고 집에 돌아와서도 내내 기분이 축 처져 있었다. '두나에게도 충분히 좋은 가족이 아니었던 주제에, 내가 과연 봉사활동을 할 자격이나 있을까?'라는 생각이 스멀스멀 피어나기도 했다. 그렇지만 두나가 떠났다는 이유로 봉사활동을 갑자기 그만둘 수는 없었다. 그날 함께 산책했던 개들의 얼굴을 떠올리면 더욱더 그만둘 수 없었다. 그들의 눈빛을 본 사람이라면, 그 누구든 쉽게 외면할 수 없었을 것이다. 그리고 무엇보다 두나도 내가 봉사활동을 그만두는 것을 원하지 않았을 거다. 두나는 그런 마음을 가진 개였으니까.

지나고 보니, 오히려 그 시기에 한 봉사활동이 나를 살린 건 아니었을까 싶다. 센터에 가야 하니 매일 집에서 울고 있을 수만은 없었고, 센터 개들과 산책을 해야만 하니 자연스레 몸도 움직이고 햇볕도 쬘 수 있었다. 두나와는 자주 하지 못했던 산책을 센터의 개들과 함께하며, 그들을 두나라고 생각하기도 했다. 봉사 활동을 하러 간 건 나였지만, 실은 센터의 개들이 나를 위해 봉사해준 거였다. 오히려 내가 그들에게 더 큰 위로를 받고 있었다.

12. 타투 하기

내 발목에는 제법 큰 타투가 하나 있는데, 위치 때문인지 크기에 비해 눈에 잘 띄지 않는다. 타투를 하나 더 하고 싶은 마음은 전혀 없었지만, 만약 두 번째 타투를 한다면 영원히 내가 사랑할 수 있는 존재를 새기고 싶었다. 타투를 할 때 마취 크림을 바르더라도 느껴지는 아픔이 싫었고, 그 후의 번거로운 관리법도 귀찮았기에 내키지 않았지만 말이다. 그런데 놀랍게도, 두나를 떠나보낸 뒤에 타투가 하고 싶어졌다. 무엇이든 내 몸 어딘가에 두나를 남기고 싶었다. 피부에 새겨 어떻게든 지워지지 않게 하고 싶었다. 쓰고 보니 조금 섬뜩한 표현 같기도 하지만... 아무튼 두나와 함께 있고 싶었다. 충동적인 생각이었다. 두나의 마지막에 함께하지 못했다는 죄책감이 일종의 집착 증세로 변한 것이었다.

타투를 하기로 마음먹고는 두나의 사진 몇 장을 골랐다. 먼저 사진 속 모습을 그대로 새길지, 아니면 캐릭터처럼 귀엽게 변형한 이미지를 새겨 넣을지 고민했다. 형태를 정한 뒤에는 컬러 잉크를 사용할지, 흑백으로 할지 선택해야 했다. 이번에도 눈에 크게 띄지 않는 타투를 하고 싶었고 고민 끝에 두나의 발바닥을 라인으로 단순하게 딴 도안을 선택했다. 직접 폰트를 디자인해 두나의 이름을 함께 새길지도 고민했으나 관두었다. 두나의 얼굴을 새기지 않기로 한 건 그 누구도 두나의 생김새를 완벽하게 표현할 수 없다고 여겼기 때문이다. 설령 타투이스트가 아주 잘 표현한다 하더라도 나는 두나에 관해서만큼은 만족을 모르는 사람이란 걸 스스로 잘 알고 있다. 위치는 오른쪽 팔로 정했다. 두나는 내 품에 안길 때면 팔을 내 팔에 포개곤 했었다. 두나가 자주 몸을 기대던 내 팔뚝 부근에 두나의 발자국을 남기고 싶었다. 그러면 팔에 두나를 안고 있는 느낌이 들 것 같았다. 그러기만 하면, 두나가 언제나 내 곁에 있어 줄 것만 같았다.

더미북을 만들 당시만 해도 내 팔에는 여전히 아무것도 없었고, 나는 '이번 겨울에는 두나를 내 팔에 새길 수 있을까?' 하며 궁금해하고 있었다. 너무 충동적인 선택일까? 아니오. 4년 가까이 고민한 일이라면 충동적이라고 할 수는 없을 것이다. 고정 수입이 없는 상황에서 너무 큰 돈을 쓰는 것이 아닐까? 아니오. 예상했던 금액을 크게 벗어나지 않아서 딱 내가 지출할 수 있을 정도였다. 팔에 타투를 새기는 것이 발목에 새기는 것보다 더 아프면 어쩌지? 이건 알 수 없다. 하지만 발목에 있는 타투보다 훨씬 작은 크기니까 아파도 참을 수 있지 않을까? 이런저런 생각이 꼬리를 물면서 또 해를 넘겼고, 결국 그 겨울의 끝자락에 이르러서야 타투를 하기로 마음을 굳혔다. 일단 마음을 먹자, 그 다음은 일사천리였다. 지인에게 수소문하고 인스타그램을 검색하면서 마음에 드는 타투이스트를 찾았다. 시술 의뢰서를 작성했다. 어떤 일이든 의미를 부여하는 것을 좋아하는 사람답게 타투는 두나 생일에 하기로 했다. 예약한 후에 남은 것이라곤 그날을 기다리는 일뿐이었다.

예약일이 가까워지자 다른 어떤 고민보다 통증 걱정이 앞섰다. 첫 타투를 시술받을 때 너무 아팠던 경험 때문에 지레 겁을 먹었던 것인데, 이 걱정은 시술 당일 타투이스트를 만나면서 말끔하게 사라졌다. 타투샵은 채광 좋은 고층 빌딩의 한 층을 통째로 사용하고 있어 넓었고, 매우 쾌적했다. 시술 전 타투이스트와 충분히 이야기를 나누면서 내가 이 타투를 정말 하고 싶어 한다는 사실을 확인했고, 그를 믿으며 침대에 누웠다. 그동안의 걱정이 무색할 정도로 통증은 살짝 긁어내는 느낌에 불과했다. 얼마 지나지 않아, 두나의 발자국이 내 오른팔에 자리 잡았다.

그렇게 내 오른쪽 팔뚝에 새겨진 두나의 발바닥은 실제 두나의 발 크기와 비슷하다. 그날 이후로 두나는 다시 내 곁에서 살아가고 있다. 아침에 눈을 뜰 때마다 팔을 바라보면 두나가 나에게 인사해 주는 듯한 느낌이 든다. 요즘은 마음이 힘들 때 내 팔뚝을 쓰다듬는 버릇이 생겼다. 가만히 두나의 발바닥이 새겨진 팔을 만지다 보면, 두나가 여전히 나와 함께 숨 쉬고 있는 것 같아 마음이 조금 차분해진다.

13. 다시 그리기

작년에 '드로잉 자서전'이라는 프로그램에 참여하면서 다시 두나의 모습을 그리게 되었다. 다른 종의 개들은 특징을 잡아 표현하기가 비교적 쉬웠지만, 치와와는 어려웠다. 눈과 귀를 조금만 크게 그리면 요다처럼 보였고, 반대로 작게 그리면 치와와만이 가지고 있는 느낌이 살지 않았다. 수업에서 선생님이 개를 자연스럽게 표현하는 몇 가지 팁을 알려주셨지만, 여전히 쉽지는 않았다.

최근에는 오일파스텔을 사용해 보기 시작했는데, 수업의 최종 결과물로 두나의 모습을 그렸다. 동물을 사실적으로 그리는 일은 지금도 어렵다. 아무래도 이번 생에는 두나의 모습을 제대로 그림 속에 담아내기엔 그른 듯하다.

14. 기억하기

지금도 떠올리면서 후회하는 것들이 있다. 가끔 눈물이 오래 흐를 때도 있지만, 예전보다는 훨씬 덜 운다. 혼자 있을 때 종종 두나의 이름을 부르기도 한다. 두나가 지었던 표정들이 생각날 때면 나도 모르게 미소를 짓는다.

여전히, 매일, 보고 싶다. 너무 보고 싶은 날에는 두나의 담요를 꼭 껴안고 코를 파묻는다. 그 어떤 감정도 감추지 않기로 한다.

모든 감정을 고스란히 다 느끼며 두나를 기억한다.

두나의 옷장

분류 번호 : 의-SS-01

구분 : 민소매

의류명 : 보라색 조끼

착용 계절: 사계절

선호도 : 최상

비고: 자주 입어서 배 부분을 기워 입음. 가장 자주 입었던 옷 중 하나.

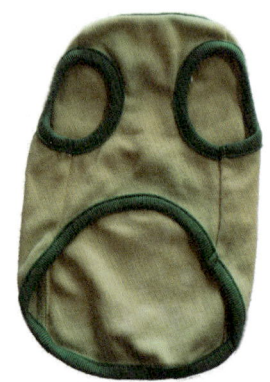

분류 번호 : 의-SS-02
구분 : 민소매
의류명 : 라임색 조끼
착용 계절: 사계절
선호도 : 상
비고: 가장 작은 사이즈로 산 것이었으나 두나에게는 이 옷도 아주 긴 옷이었다. 그래도 민소매라 자주 입은 편.

분류 번호 : 의-FW-01

구분 : 후드 긴소매

의류명 : 산타옷

착용 계절: 겨울

선호도 : 중

비고: 크리스마스 시즌에 자주 입던 옷. 모자를 씌우면 귀엽지만 두나가 모자를 좋아하지 않음.

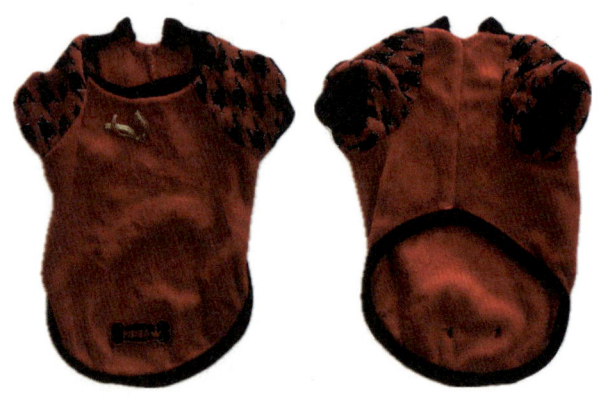

분류 번호 : 의-FW-02

구분 : 긴소매

의류명 : 스웨이드

착용 계절: 겨울

선호도 : 중

비고: 보들보들한 소재로 따뜻해 보여 구매했으나 목살이 많아 입을 수 없던 옷. 결국 목 부분을 수선해 목둘레를 넓혀서 입었음.

분류 번호 : 의-SS-03
구분 : 민소매
의류명 : 줄무늬 크롭티
착용 계절: 여름
선호도 : 중
비고: 크롭티를 샀으나 두나가 원체 체구가 작다 보니 일반 옷처럼 입었음. 암홀도 두나에게는 커서 팔이 자주 옷 바깥으로 빠짐.

사실 두나는 옷을 입고 벗는 걸 싫어했다.

옷을 입힐 때는 코를 찡그리며 언짢음을 표시했고, 벗길 때는 입힐 때보다 더 싫어했다.

두나의 사물함

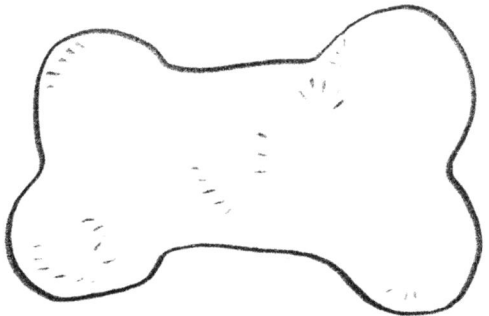

뼈다귀 모양 베개

두나는 장난감을 무서워해 전혀 가지고 놀지 않았다. 처음에는 더 다양한 종류의 장난감을 사주면 좋아하는 것을 찾을 수 있을 것으로 생각했지만, 아니었다. 모든 사람의 성격이 다르듯이 모든 개가 장난감을 좋아하는 것은 아니라는 걸 깨달았다.

뼈다귀 모양 베개는 두나가 유일하게 곁에 두던 물건이었다. 이 베개는 분홍색 침대와 세트로 구성된 물건인데, 두나는 이 베개만큼은 가끔 가지고 놀았다. 물론 공처럼 던지면서 노는 방식은 아니었고 얼굴을 기대어 쉬는 용도로 무척 애용했다.

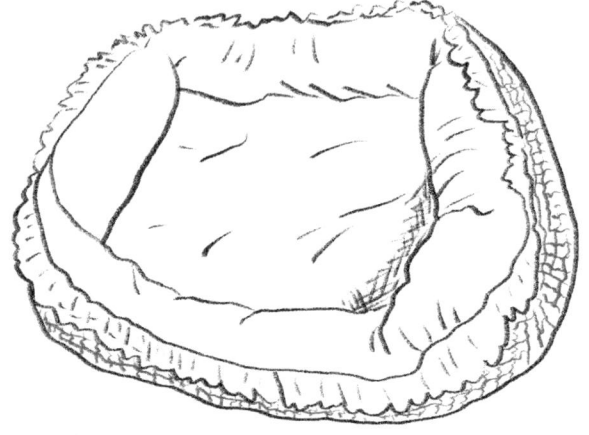

분홍색 침대

두나가 쓰던 네모난 분홍색 침대는 두나의 몸집보다 훨씬 컸다. 폭신한 솜으로 채워진 이 침대는 거실에 있는 소파 바로 아래에 있었다. 두나가 없는 지금도 이 침대는 계속 그 자리에 있다.

두나는 삶의 대부분을 이 침대에서 보냈다. 두나는 침대에 앉아 우리를 쳐다보는 것을 좋아했는데, 고양이들이 자주 한다는 식빵 굽는 자세로 자주 앉아 있었다. 침대에 올려둔 담요 속에 파묻혀 하루 종일 잠을 자기도 했다.

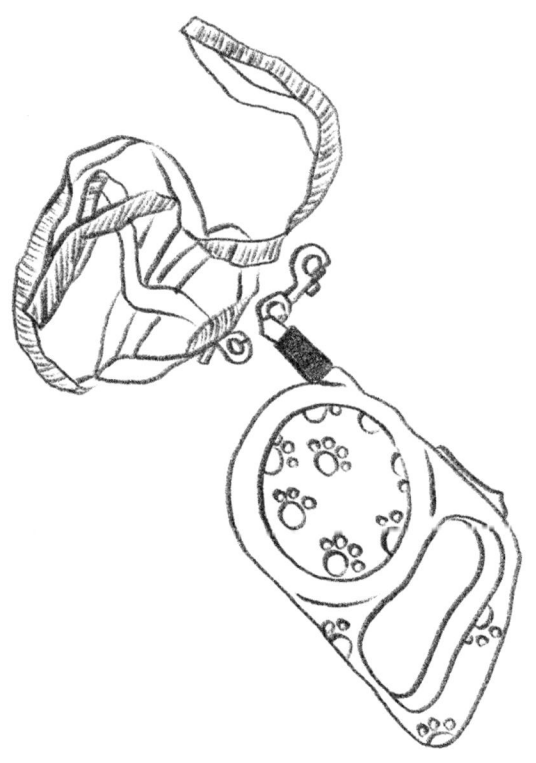

하네스

두나는 산책을 그다지 즐기는 개가 아니었다. 처음에는 산책이 꼭 필요한 줄 몰라 자주 데리고 나가지 않았고, 나중에는 다리와 체력 문제로 산책이 점점 어려워졌다. 그 점이 두나에게 늘 미안했다.

두나는 아파트 주차장을 산책할 때마다 배수구를 건너지 못했다. 몸이 너무 작았기 때문이다. 매번 우리가 두나를 안아서 옮겨줘야만 했다. 이렇게 한 번 안기고 나면 더 이상 걷고 싶지 않아 두나는 꾀를 부렸다. 조금 걷다가 엉덩이를 툭하고 바닥에 떨구며 눈으로 '날 안아'라고 말하는 두나의 모습이 웃기면서도 참 귀여웠다.

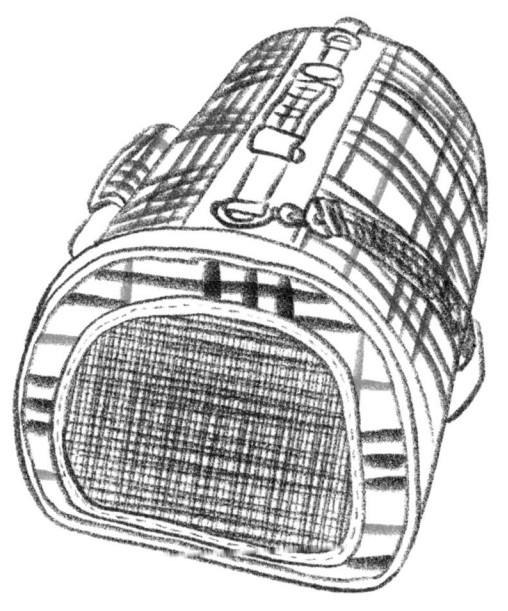

이동장

외숙모가 두나를 집에 데리고 올 때 사용했던 이동장이다. 꽤 튼튼한 대신 무게가 다소 있는 편이었다. 측면에는 주머니가 있어 간단한 간식이나 배변 봉투 같은 필수품을 넣기에 좋았고, 버버리 체크무늬가 더해져 고급스러운 느낌도 났다.

두나는 평생 이 이동장을 사용했다. 우리와 함께 여행을 갈 때도, 할머니 댁을 방문할 때도, 그리고 병원을 갈 때에도. 두나는 여기 들어가는 걸 좋아했는데, 이유는 모르겠다. 어릴 때 두나를 키웠던 사촌 언니가 교육을 잘 해서일지도?

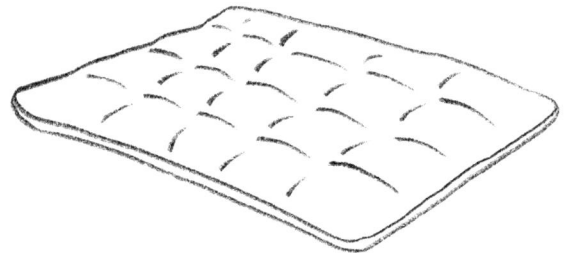

쿨매트

두나는 추위에도 더위에도 예민한 개였다. 그런 두나를 위해 겨울이면 어디를 가든 담요를 둘러 데리고 다녔고, 여름에는 시원한 쿨매트를 깔아주곤 했다.

처음 쿨매트를 봤을 때 두나는 그 물건이 낯설었던 건지 잘 올라가지 않았다고 한다. 지난번에 사준 킁킁 매트처럼 제대로 써보지도 못하고 정리함에 들어가는 건 아닌지 걱정했는데, 며칠이 지나자 언제 그랬냐는 듯 원래 제 물건이었던 마냥 잘 사용했다. 여름에 떠났던 가족 여행에도 챙겨가 요긴하게 썼다. 파란색 쿨매트는 매년 여름 두나의 더위를 달래준 유용한 물건이었다.

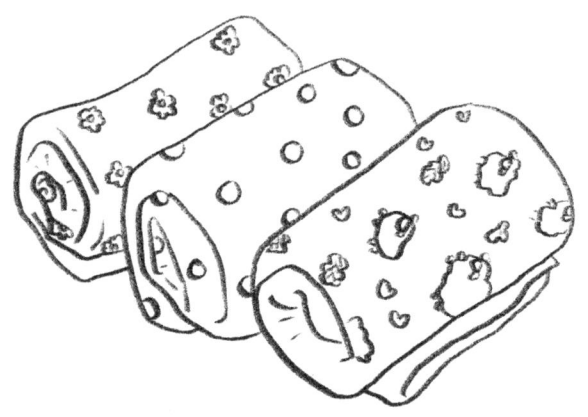

담요

두나는 담요를 여러 장 가지고 있었다. 매번 외출할 때마다 포대기처럼 둘러싸 안고 다녔기 때문이다. 집에서도 두나는 매일 담요 아래에 들어가 있었는데, 가족들이 집에 돌아오면 급히 나오느라 늘 몸보다 열 배는 더 큰 담요를 머리에 이고 바닥에 질질 끌며 뛰어나오곤 했다.

그 조그만 몸으로 커다란 담요를 끌고 나오는 모습이 얼마나 사랑스러웠는지 모른다. 그렇게 베일을 두른 듯 서 있는 두나를 볼 때면 나는 귀여운 모습을 남기고 싶은 마음에 사진부터 찍은 후 담요를 걷어주었다.

의자용 바구니

두나는 우리가 식탁에서 식사할 때마다 자기도 꼭 그 자리에 함께 있어야 직성이 풀렸다. 처음엔 두나를 무릎에 앉힌 채 밥을 먹었지만, 나중에는 두나 전용 바구니를 하나 마련해 식탁 의자에 연결했다. 식사 때마다 두나는 그 바구니에 들어가 있었고, 두나는 자신이 음식을 먹지 못해도 이 자리에 함께 있다는 것만으로도 꽤 만족스러워하는 눈치였다. 가끔은 우리가 먹는 음식을 달라고 낑낑대거나, 부들부들 떨며 눈물을 한 방울 흘리기도 했다. 우리 중 가장 빠르게 마음이 약해지는 아빠가 몰래 두나에게 반찬을 하나씩 건네주기도 했다. 그게 아빠가 두나를 사랑하는 방식이었다.

밥그릇

처음에 두나는 파란색 밥그릇을 썼지만 얼마 지나지 않아 새 그릇으로 바꾸었다. 새 그릇이 스테인리스 소재다 보니 밥을 담을 때마다 알갱이가 그릇에 부딪히는 소리가 제법 크게 들렸다. 두나는 그 소리가 나면 총알같이 튀어와 밥그릇 앞에서 기다렸다.

집에서 비닐봉지가 조금이라도 바스락거리면 간식을 주는 줄 알고 후다닥 달려오던 두나. 두나는 밥도, 간식도 정말 잘 먹었다. 심지어 약까지도 맛있게 잘 먹어서, 아플 때도 약 때문에 우리의 애간장을 태우는 일이 없었다. 돌이켜보니, 우리 두나 참 효자였구나.

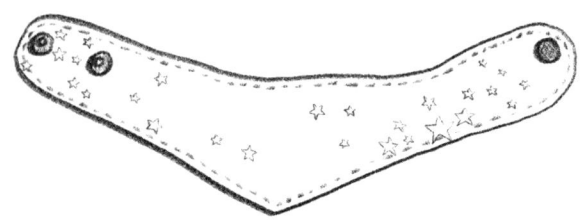

목수건

언제부턴가 엄마는 두나에게 목수건을 매어주기 시작했다. 아마 두나가 나이가 조금씩 들기 시작했을 때부터였던 것 같다. 목수건을 두른 두나는 마치 아기가 턱받이를 한 것처럼 한층 더 깜찍해 보였다. 게다가 목수건을 하면 늘어난 목살이 자연스럽게 가려져서, 사람들이 종종 두나를 어린 강아지로 착각하기도 했다. 말하자면, 목수건은 두나의 동안 비결이었다.

드라이 자켓과 장갑형 수건

두나는 목욕을 좋아하지 않았지만, 목욕을 마치고 나면 신이 나서 온 집안을 이리저리 뛰어다니곤 했다. 아직도 모를 그의 마음이란. 아, 욕실에 갇혀 있다가 풀려난 해방감을 표현하고 싶었던 걸까?

목욕 과정 중 두나는 드라이기로 털을 말리는 시간을 좋아하지 않았다. 아마 드라이기에서 나는 소음 때문인 듯해, 시간을 줄여보려고 드라이 자켓과 장갑형 수건을 샀다. 하지만 그다지 큰 효과는 보지 못했고, 결국 다시 수건과 드라이기를 사용하는 예전 방식으로 돌아갔다. 두나는 옛것을 좋아하는 유교보이였을지도…?

생각보다 두나의 물건은 많지 않았다.

엄마는 두나가 떠난 뒤, 두나의 물건들을 하나씩 박스에 담아 보관했다. 자료용으로 몇 장의 사진을 부탁했더니, 엄마는 사진과 함께 '아직 박스에서 두나 냄새가 난다'는 카톡을 보냈다. 그 한 줄을 읽는 순간 나는 또 울고 말았다.

에필로그

네 발로 걷는 한 명

핸드폰 알람이 울린다. 습관적으로 바로 종료 버튼을 눌렀고, 핸드폰 화면에 불이 들어오면서 배경 화면이 보인다. 환하게 빛나는 화면에는 내 옆모습과 내 인생에 가장 큰 발자국을 남긴 동생의 얼굴이 나란히 들어있다. 이 사진은 내 동생이 열네 살이 되던 해에 찍은 생일 기념사진으로, 동생은 자신과 어울리는 노란색 고깔모자를 썼다. 사랑이 가득한 눈으로 뽀뽀를 시도하는 나와는 달리 동생은 정면을 바라보며 혀를 조금 내밀고 있다. 조금 지친 것 같기도 하고, 어찌 보면 그냥 평소의 표정 같기도 하다.

동생과 나는 그리 오랜 시간을 함께 살지 않았다. 내가 서울로 거처를 옮기고부터는 계속 떨어져 살았으니, 우리가 함께 산 기간은 고작 4년 정도였을 거다. 같이 살지 않은 기간에는 고향에 자주 내려갔고, 한 번 내려가면 오랫동안 집에 머물면서 동생과 많은 시간을 보냈다. 직장에서 힘든 일이 생겨 울고 싶은 날에도, 이만 일 다 때려치울까 싶은 날에도 '월급 받아서 내 동생 하나라도 좋은 거 사줘야지'라는 마음으로 지난한 날들을 버텼다.

내 동생은 흰 털에 갈색 점박이 무늬가 있고, 얼굴에는 검정콩이 세 개 있다. 까맣고 큰 눈 두 개와 그 눈만큼 큰 까만 코. 한 팔에 쏙 안기는, 2킬로그램이 채 되지 않던 동생. 동생은 우리가 처음 만났던 한 살일 때도 마지막으로 우리를 떠났던 열네 살일 때도 그저 우리에게는 영원한 아기였다. 우리 집 막내, 우리 귀염둥이, '두나'. 나이가 들어도 우리 눈에는 한없이 어렸기에 두나가 우리 곁을 떠난 것이 더 믿어지지 않았다.

벌써 몇 년이 지난 일인데도 나는 두나가 떠난 날을 생생하게 기억한다. 그 이후로 수많은 날을 울었고, 울다가

지치면 웃었고, 다시 또 울었다. 그리고 여전히 힘들다. 그래서 반려동물을 키우는 것은 내게 금지되었다. 다시 또 이별을 감당할 자신이 없었기 때문에 아예 처음부터 시작하지 않기로 했다.

하지만 그럼에도 다시 느끼고 싶은 것들이 있다. 뜨끈뜨끈한 배. 들숨 날숨에 따라 오르락내리락하는 등의 능선. 둥그런 이마를 쓰다듬을 때의 촉각과 리듬. 발에서 나는 쿰쿰한 냄새. 발톱과 마룻바닥이 부딪혀 나는 또각거리는 발소리. 원할 때만 움직이던 꼬리. 갸우뚱거리던 얼굴과 바짝 눕히던 귀. 내 눈을 한참 동안 쳐다보다가 스르륵 떨어지는 눈꺼풀. 그 눈꺼풀에 붙어 있는 자그마한 속눈썹.

몇 년이 지나도 큰 상실의 감정은 우리 마음속에 남아있을 수밖에 없다. 항상 내 마음속에는 두나에 대한 그리움과 미안함이 옅게 깔려있다. 그러다 문득 두나와 함께한 추억이 떠오르면 깔려 있던 감정들이 스멀스멀 온 마음을 지배한다. 그런 날에는 친구들과 잘 웃고 놀다 집으로 돌아와서는 침대에서 이불을 뒤집어쓴 채로 소리 죽여 울었다. 가끔 웹 클라우드에서 예전 사진을 보내주는 알람도 위험하다. 몇 년 전 사진 속에서 두나의 모습을 발견하면 멀쩡하다가도 코끝이 찡해지기 일쑤였다. 이번 책을 쓰면서도 많이 울었고, 자연스레 원고 작업은 더딜 수밖에 없었다. 그 결과 대부분의 글을 시간에 쫓기며 썼다.

두나를 보낸 지 몇 해가 지났기 때문에 글을 쓰는 것이 괜찮을 줄 알았는데 오산이었다. 꾹꾹 담아두었던 감정이 한꺼번에 분출되니 혼란스러웠다. 하지만 이번 글쓰기를 통해서 지금 내가 느끼는 날 것의 감각들을 가감 없이 쏟아 내보고 싶어졌다. 이번에 두나를 생각하면서 쓴 글은 하나도 검열하지 않았다. 거칠게 터져 나온 글이 자기연민에 휩싸인 사람의 외침 같아 굉장히 창피하다. 하지만 두나에 대한 글쓰기를 하나의 치유 과정으로 여긴다면 조금 덜 부끄러워진다. 이 과정 덕분에 나는 두나에 대한 감정을 더 자세히 들여다보고 솔직해질 수 있었다. 내 감정을 온전히 끌어안고 위로할 수 있었다. 이제는 두나를 떠올릴 때마다 가득했던 슬픔을 우리가 이번 생에 만난 것에 대한 감사함으로 바꿔 갈 수 있을 것 같다.

나는 다시는 개와 함께 살 수 없을 것으로 생각했는데, 이제는 그 마음도 조금씩 바뀌고 있다. 보호소에 봉사활동을 다니다 보면 유독 눈에 들어오는 개들이 있다. 두나와는 전혀 다른 생김새임에도 불구하고 나는 그 개의 모습에서 기어코 두나의 모습을 찾아내고야 만다. 남들은 전혀 닮지 않았다고 여길 부분에서도 어떻게든 두나와 비슷한 점을 발견하고, 작은 공통점이 하나라도 있는 개는 점점 내 눈에 밟히게 된다. 몇 번을 더 만나고 나면 나는 그 개가 나와 함께 지내는 모습을 상상하기 시작한다. 그 개가 우리집에 처음 오는 날의 풍경, 천천히 마음을 여는 그의 행동, 반려인과 내가 그와 함께 침대에 누워있는 모습까지. 이런 상상을 하다 보면 내 마음이 힘든 게 싫어 스스로 걸어둔 빗장을 이제는 조금씩 열고 싶어 지기도 한다.

대신 두나가 섭섭해하지 않을 정도로 아주 조금만.

두나에게
윤현정, 2025

초판 1쇄 발행   2025년 6월 6일
초판 2쇄 발행   2025년 9월 18일

지은이   윤현정
펴낸이   윤현정

디자인   산책자 섬토끼
일러스트   윤현정

펴낸곳   북스토어블
등록번호   제2025-000102호
주소   04051 서울시 마포구 신촌로2길 19
              마포출판문화진흥센터(플랫폼P) 2층 P33호

이메일   bookstorable@gmail.com
인스타그램   @bookstorable

ISBN   979-11-993065-0-9

* 이 도서는 저작자의 지적 재산으로서 무단 전제와 무단 복제를 금합니다.
* 이 책의 전부 또는 일부를 이용하려면 반드시 저자와 출판사의 동의를 받아야 합니다.